Chats d'écrivains

Isy Ochoa

Chats d'écrivains

Éditions du Chêne

Denis Diderot

Encyclopédie
Article « Chat »

Chat, s. m. *felis, catus*, (*Hist. nat.*) animal quadrupède domestique, dont on a donné le nom à un genre de quadrupèdes, *felinum genus*, qui comprend avec le chat des animaux très sauvages et très féroces. Celui-ci a sans doute été préféré dans la dénomination, parce qu'y étant le mieux connu, il était le plus propre à servir d'objet de comparaison pour donner quelque idée du lion, du tigre, du léopard, de l'ours, etc., à ceux qui n'en auraient jamais vus.

Chat (*art méc.*). Les pelletiers apprêtent les peaux de chats et en font plusieurs sortes de fourrures, mais principalement des manchons.

Chat (*Myth.*). Cet animal était un dieu très révéré des Égyptiens : on l'adorait sous sa forme naturelle, ou sous la figure d'un homme à tête de chat. Celui qui tuait un chat, soit par inadvertance, soit de propos délibéré, était sévèrement puni. S'il en mourait un de sa belle mort, toute la maison se mettait en deuil, on se rasait les sourcils et l'animal était embaumé, enseveli et porté à Bubaste dans une maison sacrée, où on l'inhumait avec tous les honneurs de la sépulture ou de l'apothéose.

Charles Baudelaire

Les Chats
Les Fleurs du mal

Les amoureux fervents et les savants austères
Aiment également, dans leur mûre saison,
Les chats puissants et doux, orgueil de la maison,
Qui comme eux sont frileux et comme eux sédentaires.

Amis de la science et de la volupté
Ils cherchent le silence et l'horreur des ténèbres ;
L'Érèbe les eût pris pour ses coursiers funèbres,
S'ils pouvaient au servage incliner leur fierté.

Ils prennent en songeant les nobles attitudes
Des grands sphinx allongés au fond des solitudes,
Qui semblent s'endormir dans un rêve sans fin ;

Leurs reins féconds sont pleins d'étincelles magiques,
Et des parcelles d'or, ainsi qu'un sable fin,
Étoilent vaguement leurs prunelles mystiques.

Edmond Rostand

Le Petit Chat

Les Musardises

C'est un petit chat noir, effronté comme un page.
Je le laisse jouer sur ma table, souvent.
Quelquefois, il s'assied sans faire du tapage ;
On dirait un joli presse-papier vivant.

Rien en lui, pas un poil de son velours ne bouge ;
Longtemps, il reste là, noir sur feuillet blanc,
À ces minets tirant leur langue de drap rouge,
Qu'on fait pour essuyer les plumes, ressemblant.

Quand il s'amuse, il est extrêmement comique,
Pataud et gracieux tel un ourson drôlet.
Souvent je m'accroupis, pour suivre sa mimique,
Quand on met devant lui la soucoupe de lait.

Tout d'abord de son nez délicat il le flaire,
Le frôle, puis, à coups de langue très petits,
Il le happe ; et dès lors il est à son affaire,
Et l'on entend, pendant qu'il boit, un clapotis.

Il boit, bougeant la queue, et sans faire une pause,
Et ne relève enfin son joli museau plat
Que lorsqu'il a passé sa langue rêche et rose
Partout, bien proprement débarbouillé le plat.

Alors il se pourlèche un moment les moustaches,
Avec l'air étonné d'avoir déjà fini,
Et comme il s'aperçoit qu'il s'est fait quelques taches,
Il se lisse à nouveau, lustre son poil terni.

Ses yeux jaunes et bleus sont comme deux agates ;
Il les ferme à demi, parfois, en reniflant,
Se renverse, ayant pris son museau dans ses pattes,
Avec des airs de tigre étendu sur le flanc.

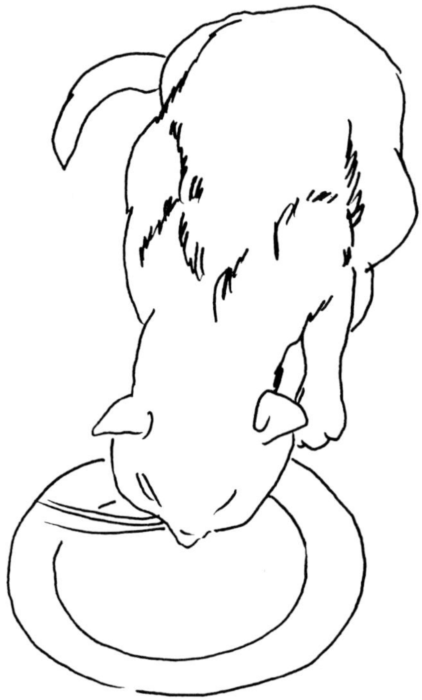

Molière

L'École des femmes
acte II, scène 5

Agnès
– Le petit chat est mort

Arnolphe
– c'est dommage ; mais quoi ?
Nous sommes tous mortels et chacun est pour soi.

Ernest Hemingway — *Le Vieil Homme et la mer*

Le chat se roula sur le flanc et offrit son ventre à caresser comme il l'avait fait, chaton, à l'époque où il était heureux. L'homme le prit dans ses bras et le serra contre sa poitrine, le gros chat sur le flanc, sa tête sous le menton de l'homme. Sous la pression des bras de l'homme, il se retourna brusquement et demeura allongé contre lui, ses griffes enfoncées dans le pull-over, son corps étroitement serré. Il ne ronronnait plus [...]. Il dormait dans la position du sphinx, mais la tête penchée sur la poitrine de l'homme.

Ronsard

Le Chat
Premier Livre des poèmes

Mais par sus tout l'animal domestique,
Le chat a l'esprit prophétique
Et faisaient bien les vieux Égyptiens
De l'honorer [...].

Abbé de Saint-Cyran

Les chats et les enfants se ressemblent,
ils ne quittent presque jamais les coutumes
qu'ils ont prises en leur jeunesse.

Victor Hugo — *Lettres sur le Rhin*

Rien ne me divertit comme un chat dans une basse-cour.

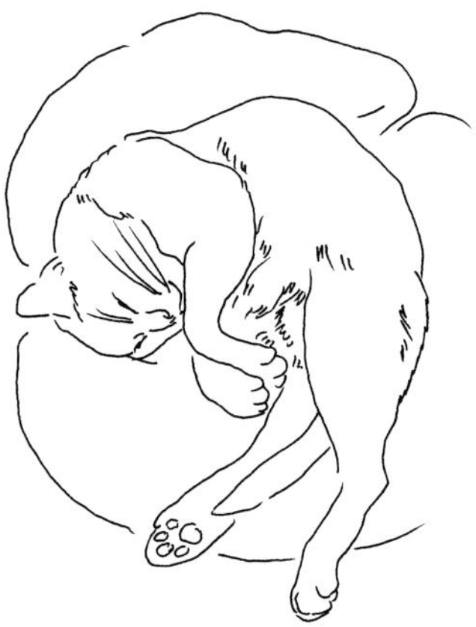

Franz Kafka — *La Muraille de Chine*

Je possède une étrange bête, moitié chaton, moitié agneau. Je l'ai héritée de mon père. Mais elle ne s'est développée que de mon temps ; auparavant elle était plus agneau que chat. Maintenant elle tient également des deux. Du chat elle a la tête et les griffes ; de l'agneau la taille et la forme ; des deux les yeux, qui sont vacillants et sauvages, la toison, qui est douce et courte, les mouvements, qui peuvent aussi bien être des bonds que des reptations. Au soleil, sur le bord de la fenêtre, elle ronronne et elle fait le gros dos ; dans les prés elle court comme une folle, on peut à peine l'attraper. Devant le chat elle fuit, devant l'agneau elle attaque. Au clair de lune elle se promène sur les gouttières, c'est sa route de prédilection. Elle ne sait pas miauler et les rats la dégoûtent. Elle peut rester couchée des heures, à l'affût, près du poulailler, mais elle n'a jamais profité de l'occasion de tuer une volaille.

Je la nourris de lait sucré, c'est le régime qui lui convient le mieux. Elle le fait passer à longs traits sur ses canines de carnassier, et c'est naturellement une grande attraction pour les enfants. Ils viennent le dimanche matin. Je tiens la petite bête sur mes genoux et j'ai en cercle autour de moi tous les gamins du voisinage.

On peut entendre alors les plus étranges questions ; de ces questions auxquelles nul ne saurait répondre : pourquoi n'y a-t-il qu'une bête de ce genre ? Pourquoi est-ce moi qui la possède ? Y a-t-il déjà eu avant elle un animal de même espèce ? Que se passera-t-il après sa mort ? Se sent-elle seule ? Pourquoi n'a-t-elle pas de petits ? Comment s'appelle-t-elle ?

Je ne prends pas la peine de répondre, je me contente de montrer ce que j'ai. Quelquefois les enfants nous apportent des chats, une fois ils ont même apporté deux agneaux. Mais, contrairement à leur attente, ces rencontres n'ont provoqué aucune scène de reconnaissance. Les bêtes se sont considérées de leurs yeux de bêtes avec le plus grand calme ; elles ont pris réciproquement leur existence comme une donnée de la Création.

Sur mes genoux la petite bête ignore la peur et l'agressivité. C'est contre moi, collée à moi, qu'elle se sent le mieux. Elle éprouve de l'attachement pour la famille qui l'a élevée. Ce n'est pas là fidélité extraordinaire, mais sûr instinct d'un animal qui, tout en possédant une nombreuse parenté, n'a peut-être pas un seul compagnon dans le monde et considère par conséquent comme sacrée la protection qu'elle a trouvée chez nous.

Je ne puis m'empêcher de rire quand je la vois qui flaire le bas de mon pantalon ; elle se tortille pour

passer entre mes jambes et ne peut s'arracher à moi. Non contente d'être agneau et chat, on dirait qu'elle veut être chien ! Un jour que je ne pouvais résoudre mes difficultés commerciales et les problèmes qui en dépendent, – comme la chose arrive à chacun – et, voulant tout laisser aller, me balançais à la maison dans mon fauteuil avec la petite bête sur mes genoux, je vis, en abaissant la tête, des larmes qui coulaient de son immense moustache. Etaient-ce les miennes ? Etaient-ce les siennes ? Ce chat qui avait une âme d'agneau possédait-il aussi une ambition humaine ?... Je n'ai pas hérité beaucoup de choses de mon père ; mais celle-ci je puis la montrer.

Ma bête réunit deux sortes d'inquiétude, celle du chat et celle de l'agneau, si différentes qu'elles soient. Aussi se trouve-t-elle à l'étroit dans sa peau. Elle saute parfois à mes côtés sur une chaise, pose ses pattes de devant sur mon épaule et me colle son museau à l'oreille. On dirait qu'elle me parle, et, de fait, après ce geste, elle se penche en avant et observe mes yeux comme pour lire l'impression que sa communication a produite sur moi. Et moi, pour lui faire plaisir, je fais semblant d'avoir compris et j'opine en branlant la tête. Alors elle saute à terre et danse autour de moi.

Peut-être le couteau du boucher lui serait-il une délivrance mais je dois l'en priver. N'est-elle pas un héritage ? Il faudra donc qu'elle attende le jour où elle s'éteindra d'elle-même, bien qu'elle me regarde parfois avec des yeux humains, des yeux intelligents, qui implorent un acte raisonnable.

Joachim du Bellay — *Sonnet à Ménine*

Ménine aux yeux dorés, au poil doux, gris et fin,
La charmante Ménine, unique en son espèce ;
Ménine, les amours d'une illustre Duchesse
Et dont plus d'un mortel enviait le destin.

Ménine, qui jamais ne connut de Ménin.
Et qui fut de son temps des chattes la Lucrèce
Chatte pour tout le monde, et pour les chats tigresse :
Au milieu de ses jours, en a trouvé la fin.

Que lui sert, maintenant, que dédaigneuse et fière
Jamais d'aucun Matou, sur aucune gouttière,
Elle n'ait écouté les amoureux regrets !

La Parque étend ses droits sur tout ce qui respire
Et de ne rien aimer tout le fruit qu'on retire,
C'est une triste vie, et puis la mort après.

Charles Baudelaire

Le Chat
Les Fleurs du mal

Dans ma cervelle se promène,
Ainsi qu'en son appartement,
Un beau chat, fort, doux et charmant.
Quand il miaule, on l'entend à peine,

Tant son timbre est tendre et discret ;
Mais que sa voix s'apaise ou gronde,
Elle est toujours riche et profonde.
C'est là son charme et son secret.

Cette voix, qui perle et qui filtre
Dans mon fonds le plus ténébreux,
Me remplit comme un vers nombreux
Et me réjouit comme un philtre.

Elle endort les plus cruels maux
Et contient toutes les extases ;
Pour dire les plus longues phrases,
Elle n'a pas besoin de mots.

Non, il n'est pas d'archet qui morde
Sur mon cœur, parfait instrument,
Et fasse plus royalement
Chanter sa plus vibrante corde,

Que ta voix, chat mystérieux,
Chat séraphique, chat étrange,
En qui tout est, comme en un ange,
Aussi subtil qu'harmonieux !

De sa fourrure blonde et brune
Sort un parfum si doux, qu'un soir
J'en fus embaumé, pour l'avoir
Caressée une fois, rien qu'une.

C'est l'esprit familier du lieu ;
Il juge, il préside, il inspire
Toutes choses dans son empire ;
Peut-être est-il fée, est-il dieu ?

Quand mes yeux, vers ce chat que j'aime
Tirés comme par un aimant,
Se retournent docilement
Et que je regarde en moi-même,

Je vois avec étonnement
Le feu de ses prunelles pâles,
Clairs fanaux, vivantes opales,
Qui me contemplent fixement.

Colette — *La Maison de Claudine*

Ils sont cinq autour d'elle, tous les cinq issus de la même souche et rayés à l'image de leur ancêtre, le chat sauvage. L'un porte ses rayures noires sur un fond rosé comme le plumage de la tourterelle, l'autre n'est, des oreilles à la queue, que zébrures pain brûlé sur champ marron très clair, comme une fleur de giroflée. Un troisième paraît jaune, à côté du quatrième tout ceintures de velours noir, colliers, bracelets, sur un dessous gris argent d'une grande élégance. Mais le cinquième, énorme, resplendit dans sa fourrure fauve à mille bandes. Il a les yeux vert de menthe, et la large joue velue qu'on voit au tigre.

Elle, mon Dieu, c'est la Noire. Une Noire pareille a cent autres Noires, mince, bien vernissée, la mouche blanche au poitrail et la prunelle en or pur. Nous l'avons nommée la Noire parce qu'elle est noire, de même que la grise s'appelle Chatte-Grise et la plus jeune des bleues de Perse Jeune-Bleue. Nous n'avons pas risqué la méningite.

Janvier, mois des amours félines, pare les chats d'Auteuil de leur plus belle robe et racole, pour nos trois chattes, une trentaine de matous. Le jardin s'emplit de leurs palabres interminables, de leurs batailles, et de leur odeur de buis vert. La Noire seule marque qu'ils l'intéressent. C'est trop tôt pour Jeune-Bleue et Chatte-Grise, qui contemplent de haut la démence des mâles. La Noire, pour l'heure, se tient mal, et ne va pas plus loin. Elle choisit longuement dans le jardin une branche taillée en biseau, élaguée de l'an dernier, pour s'en servir en guise de brosse à dents d'abord, puis de gratte-oreilles, enfin de gratte-flancs. Elle s'y râpe, elle s'y écorche, en donnant tous les signes de la satisfaction. Une danse horizontale suit, au cours de laquelle elle imite l'anguille hors de l'eau. Elle se roule, chemine sur le dos et le ventre, souille sa robe, et les cinq matous avec elle avancent, reculent comme un seul matou. Souvent, le doyen magnifique, n'y tenant plus, s'élance, et porte sur la tentatrice une patte pesante... Tout aussitôt, la chorégraphe voluptueuse se redresse, gifle l'imprudent et s'accroupit, pattes rentrées sous le ventre, avec un aigre et revêche visage de vieille dévote. En vain le puissant chat rayé, pour montrer sa soumission et rendre hommage à la Noire, feint-il de choir les quatre pattes en l'air, défaillant et soumis. Elle le relègue parmi le quintette anonyme, et gifle équitablement n'importe quel rayé, s'il manque à l'étiquette et la salue de trop près.

Pierre Loti — *Un Chat*

Un chat qui me regarde... Il est là tout près, sur une table : il avance sa petite tête obscurément pensante où doit se faire, en ce moment, quelque lueur inaccoutumée. Tant qu'il a entendu aller et venir autour de lui des domestiques ou des gens quelconques, il s'est dédaigneusement tenu à l'écart sous un fauteuil, car je suis l'unique ayant la permission de caresser sa robe toujours immaculée. Mais, dès qu'il m'a senti seul, il est venu et s'est assis bien en face pour soudainement prendre une de ces expressions profondes comme il en passe de temps à autre dans le regard de ses pareils – bêtes contemplatives, bêtes énigmatiques. Ses yeux jaunes fixés sur moi sont grand ouverts, dilatés par un effort intérieur pour interroger et pour essayer de comprendre : « Qui es-tu, en somme, demande-t-il, toi à qui je me confie ? Qu'est-ce que tu vaux ? Qu'est-ce que tu penses et qu'est-ce que tu fais dans ce monde ? »

Dans notre ignorance de tout, dans notre impuissance à rien savoir, quel étonnement, et peut-être quelle terreur il y aurait à pénétrer par les étranges fenêtre de ses yeux, jusqu'à l'inconnaissable de ce petit cerveau caché derrière. Oh ! si l'on pouvait, rien qu'un instant, penser à sa place, et ensuite se souvenir, quelle solution subite et décisive, pleine d'épouvante sans doute, cela donnerait à des problèmes éternels. Nous sont-elles très inférieures et lointaines, ces bêtes familières ou bien terriblement voisines ? Est-il beaucoup plus épais que le nôtre, le voile de ténèbres qui leur masque la cause et le but des existences ?... Mais non, jamais, jamais, il ne sera donné à aucun de nous de rien déchiffrer dans ces petites têtes câlines qui se font si amoureusement caresser, tenir et comme pétrir dans nos mains...

À présent, il va s'endormir, le chat, et rêver sur cette table où j'écris, le plus près de moi possible ; il s'installe, non sans avoir deux ou trois fois allongé la patte en me regardant pour implorer la permission de descendre sur mes genoux. Et il se couche, la tête tendrement appuyée sur mon bras, avec un air de dire : « Puisque tu ne veux pas de moi tout à fait, souffre au moins cela qui ne te gêne guère. »

Quel mystère que l'affection des bêtes ! Tout ce que cela dénote d'élevé, de supérieur dans leurs âmes si inconnues ! Et comme je comprends Mahomet, au chant du Muezzin qui l'appelait à la prière, rompant avec des ciseaux le coin de son burnous avant de se lever, par crainte de déranger son chat qui s'était installé dessus pour dormir.

Pierre Nagour

La Mort d'Euzé

Chats d'Égypte

Le malheur est venu frapper à notre porte.
Notre petite amie Euzé, la chatte, est morte.
Elle a l'air de dormir sur son petit coussin.
Sa tête intelligente au gracieux dessin,
Tombe inerte ; ses yeux, ses yeux de chrysoprase,
Se sont clos, et, depuis, la douleur nous écrase.

Ô gracieuse Bast, noble épouse de Phtah,
Si vers ton trône d'or son humble âme monte,
Daigne lui faire accueil en ton sein, ô très Grande !
Nous lui laissons, afin qu'elle t'en fasse offrande,
Son fin collier d'émail où tinte un grelot d'or.

Quand sous l'œil vigilant d'Anubis Latrator,
On aura, dans la tombe, enfermé la momie,
J'ai l'espoir que ton double, ô gracieuse amie,
À l'heure de Sothis, l'étoile de vermeil,
Viendra plus d'une fois visiter mon sommeil,
Et que, lorsqu'à mon tour, vers la Grande Lumière,
Je fuirai, tu viendras m'attendre la première.

Charles Perrault

Le Maître chat, ou le Chat botté

Contes

Un meunier ne laissa pour tous biens aux trois enfants qu'il avait, que son moulin, son âne et son chat. Les partages furent bientôt faits ; ni le notaire, ni le procureur n'y furent point appelés. Ils auraient eu bientôt mangé tout le pauvre patrimoine. L'aîné eut le moulin, le second eut l'âne, et le plus jeune n'eût que le chat.

Ce dernier ne pouvait se consoler d'avoir un si pauvre lot : « Mes frères, disait-il, pourront gagner leur vie honnêtement en se mettant ensemble ; pour moi, lorsque j'aurai mangé mon chat, et que je me serai fait un manchon de sa peau, il faudra que je meure de faim. »

Le chat qui entendit ce discours, mais qui n'en fit pas semblant, lui dit d'un air posé et sérieux : « Ne vous affligez point mon maître ; vous n'avez qu'à me donner un sac, et me faire faire une paire de bottes, pour aller dans les broussailles, et vous verrez que vous n'êtes pas si mal partagé que vous croyez. » Quoique le maître du chat ne fit pas grand fonds là-dessus, il lui avait vu faire tant de tours de souplesse pour prendre des rats et des souris, comme quand il se pendait par les pieds, ou qu'il se cachait dans la farine pour faire le mort, qu'il ne désespéra pas d'en être secouru dans sa misère.

Lorsque le chat eut ce qu'il avait demandé, il se botta bravement ; et, mettant son sac à son cou, il en prit les cordons avec ses deux pattes de devant, et s'en alla dans une garenne où il y avait grand nombre de lapins. Il mit du son et des lacerons dans son sac et, s'étendant comme s'il eût été mort, il attendit que quelque jeune lapin, peu instruit encore des ruses de ce monde, vint se fourrer dans son sac, pour manger ce qu'il y avait.

À peine fut-il couché, qu'il eut contentement. Un jeune étourdi de lapin entra dans son sac, et le maître chat, tirant aussitôt les cordons, le prit et le tua sans miséricorde.

Tout glorieux de sa proie, il s'en alla chez le roi, et demanda à lui parler. On le fit monter à l'appartement de Sa Majesté, où, étant entré, il fit une grande révérence au roi, et lui dit : « Voilà, Sire, un lapin de garenne que Monsieur le Marquis de Carabas (c'était le nom qu'il lui prit en gré de donner à son maître) m'a chargé de vous présenter de sa part. – Dis à ton maître, répondit le roi, que je le remercie, et qu'il me fait plaisir. »

Une autre fois, il alla se cacher dans un blé, tenant toujours son sac ouvert, et lorsque deux perdrix y furent entrées, il tira les cordons et les prit toutes deux. Il alla ensuite les présenter au roi, comme il avait fait du lapin de garenne. Le roi reçut encore avec plaisir les deux perdrix, et lui fit donner pour boire. Le chat continua ainsi pendant, deux ou trois mois de porter de temps en temps au roi, du gibier de la chasse de son maître.

Henri Thomas — *Chat plume*

Mon enfance a commencé par un chat. Je le préférais à tout le monde. Surtout à ma mère. Il s'appelait L'Universel. C'était dans les Vosges, à Anglemont. Je l'avais trouvé dans les champs. Il avait les pattes de devant liées et sautillait dans les chaumes. Je vois ce pauvre chat qui ne pouvait même plus miauler ! Je le rapporte à la maison sur mon dos, je lui avais détaché les pattes, elles pendaient de chaque côté. Il ne m'a plus quitté jusqu'à sa mort. Sa mort tragique. Nous allions déménager et quitter le village. Juste avant le départ, mon frère Alphonse entre dans ma chambre et me dit : « J'ai noyé L'Universel ! » Tout s'est effondré pour moi, c'était vraiment un chagrin total, les humains n'existaient plus.

J'étais alors tout petit, comme ce chat que j'avais trouvé, j'avais huit ans. Pendant un an, L'Universel avait vécu avec moi, tous les deux heureux. C'était mon chat, je lui avais sauvé la vie, il le savait. On m'a dit, depuis, que c'était un pauvre vieux chat complètement à bout de forces. Qu'importe. Ma mère ne voulait pas que je l'emmène dans le déménagement. Quand mon frère m'a avoué : « C'est maman qui m'a dit d'aller noyer L'Universel », c'est incroyable, je ne voulais plus voir ma mère ! Je ne lui ai rien dit. J'ai tout gardé pour moi. Pour me consoler, on m'a donné un autre chat, mais ce n'était pas ça. Voilà soixante-cinq ans qu'on a noyé mon chat, je n'ai pas encore oublié. C'est depuis ce temps-là qu'existe le lien que j'ai avec les chats. J'en suis sûr. Depuis, ils ne sont plus des bêtes comme les autres. [...] Voilà mon dernier chat, il s'appelle Bertrand, parce qu'il vient de Boissise-la-Bertrande. [...] Sa mère, une chatte très méchante, ne voulait plus de lui. Couché contre elle, il ne voulait plus ni se nourrir, ni vivre, il devenait un misérable avorton. Nous l'avons emmené à l'île d'Houat dans le Morbihan. À peine arrivé, en voulant sauter d'une chaise à une autre, il s'écartèle, tombant par terre toutes pattes ouvertes, il ne pouvait plus bouger ! Sûrement une patte cassée ! Le vétérinaire lui a tiré sur les pattes, il n'y avait rien de cassé. Seulement des muscles froissés comme les sportifs. Il s'en est remis. Il a trouvé sur la plage une petite chose vraiment mystérieuse qui lui plaît : une minuscule poupée en plastique, amenée par une vague en même temps qu'une boîte de café en poudre russe, vide. À certains moments, cette figurine le rend fou. Je crois que l'intelligence de chat de Bertrand est assez proche de celle du serpent. D'après les yeux. J'ai bien observé ceux des grandes couleuvres. Je les surprenais quand elles buvaient, accrochées à une branche au-dessus de l'eau. Bertrand, lui, boit au robinet comme une couleuvre, ou dans le pichet

quand il est bien plein, mais il ne se suspend pas par la queue.

Un jour que la photo du grand penseur russe Alexandre Zinoviev était penchée, mal posée, sur une pile de livres, Bertrand s'est levé, il est venu et, avec sa patte, il a remis la photo droite. Intentionnellement ! Gêné par le manque d'harmonie. Le penseur russe, il s'en fichait.

Il y a tout à apprendre du chat. Mais il faut être doué pour ça. C'est la seule bête qui puisse vraiment nous instruire. [...]

Quand je regarde Bertrand, j'ai du mal à croire que le chat et le tigre fassent partie de la même espèce. C'est que le tigre n'est pas de l'espèce tigre, mais de l'espèce chat ! C'est le chat qui est à l'origine, et qui a simplement diminué sa taille pour être plus à l'aise Tout au début, les chats d'Égypte étaient très grands. Puis ils ont calculé que c'était trop.

Le chat ne garde rien, surtout pas nos biens. Si des voleurs rentrent, le chat s'intéresse d'abord aux voleurs. Il va leur faire des câlineries pour voir si ce sont de gentils voleurs. S'ils ne sont pas gentils, il s'en va, c'est tout.

Émile Zola

Le Paradis des chats

Les Nouveaux Contes à Ninon

J'avais alors deux ans, et j'étais bien le chat le plus gras et le plus naïf qu'on pût voir. À cet âge tendre, je montrais encore toute la présomption d'un animal qui dédaigne les douceurs du foyer. Et pourtant que de remerciements je devais à la Providence pour m'avoir placé chez votre tante ! La brave femme m'adorait. J'avais, au fond d'une armoire, une véritable chambre à coucher, coussin de plume et triple couverture. La nourriture valait le coucher ; jamais de pain, jamais de soupe, rien que de la viande, de la bonne viande saignante.

Eh bien ! au milieu de ces douceurs, je n'avais qu'un désir, qu'un rêve, me glisser par la fenêtre entrouverte et me sauver sur les toits. Les caresses me semblaient fades, la mollesse de mon lit me donnait des nausées, j'étais gras à m'en écœurer moi-même. Et je m'ennuyais tout le long de la journée à être heureux.

Il faut vous dire qu'en allongeant le cou j'avais vu de la fenêtre le toit d'en face. Quatre chats, ce jour-là, s'y battaient le poil hérissé, la queue haute, se roulant sur les ardoises bleues, au grand soleil, avec des jurements de joie. Jamais je n'avais contemplé un spectacle si extraordinaire. Dès lors, mes croyances furent fixées. Le véritable bonheur était sur ce toit, derrière cette fenêtre qu'on fermait si soigneusement. Je me donnais pour preuve qu'on fermait ainsi les portes des armoires, derrière lesquelles on cachait la viande.

J'arrêtai le projet de m'enfuir. Il devait y avoir dans la vie autre chose que de la chair saignante. C'était là l'inconnu, l'idéal. Un jour, on oublia de pousser la fenêtre de la cuisine. Je sautai sur un petit toit qui se trouvait au-dessous.

Que les toits étaient beaux ! De larges gouttières les bordaient, exhalant des senteurs délicieuses. Je suivis voluptueusement ces gouttières, où mes pattes enfonçaient dans une boue fine, qui avait une tiédeur et une douceur infinies. Il me semblait que je marchais sur du velours. Et il faisait une bonne chaleur au soleil, une chaleur qui fondait ma graisse.

Je ne vous cacherai pas que je tremblais de tous mes membres. Il y avait de l'épouvante dans ma joie. Je me souviens surtout d'une terrible émotion qui faillit me faire culbuter sur les pavés. Trois chats qui roulèrent du faîte d'une maison, vinrent à moi en miaulant affreusement. Et comme je défaillais, ils me traitèrent de grosse bête, ils me dirent qu'ils miaulaient pour rire. Je me mis à miauler avec eux. C'était charmant. Les gaillards n'avaient pas ma stupide graisse. Ils se moquaient de moi, lorsque je glissais comme une boule sur les plaques de zinc, chauffées par le grand soleil. Un vieux matou de la bande me prit particulièrement en amitié. Il m'offrit de faire mon éducation, ce que j'acceptai avec reconnaissance.

Ah ! que le mou de votre tante était loin. Je bus aux gouttières et jamais lait sucré ne m'avait semblé si doux. Tout me parut bon et beau. Une chatte passa, une ravissante chatte, dont la vue m'emplit d'une émotion inconnue. Mes rêves seuls m'avaient jusque-là montré ces créatures exquises dont l'échine a d'adorables souplesses. Nous nous précipitâmes à la rencontre de la nouvelle venue, mes trois compagnons et moi. Je devançai les autres, j'allais faire mon compliment à la ravissante chatte, lorsqu'un de mes camarades me mordit cruellement au cou. Je poussai un cri de douleur.
« Bah ! me dit le vieux matou en m'entraînant, vous en verrez bien d'autres. »

Alexandre Pouchkine

Ruslan et Ludmila

Où s'incurve la mer, se dresse un chêne vert ;
Une chaîne d'or à cet arbre est fixée :
Et jour et nuit, au bout de la chaîne,
Marche et tourne le chat plein de savoir ;
Il vire à droite, c'est un chant qu'il entonne ;
Il vire à gauche, un vieux conte, il récite.
[...]
Là j'ai été et le miel j'ai goûté ;
Sur le rivage, j'ai vu le chêne vert ;
À son pied, je me suis assis, et le chat plein de science,
Pour moi a récité ses contes.

Plutarque

Isis et Osiris

…le chat représente la lune à cause de la variété de son pelage, de son activité pendant la nuit, et de sa fécondité. On dit, en effet, que cet animal fait d'abord un petit, puis deux, puis trois, puis quatre, puis cinq, et ainsi jusqu'à sept à la fois, de sorte qu'en tout, il va jusqu'à vingt-huit, nombre égal à celui des jours de la lune. Ceci d'ailleurs ne peut bien être qu'une fable. Mais il paraît toutefois que dans les yeux du chat, les prunelles s'emplissent et se dilatent à la pleine lune, tandis qu'elles se contractent aux décours de cet astre […].

Légende de l'Inde

Un roi des Indes, nommé Salangham, avait à sa cour un brahmane et un pénitent, célèbres l'un et l'autre par leur vertu ; il en résultait entre eux une rivalité et une dissension qui causaient souvent des événements merveilleux.

Un jour que ces illustres athlètes disputaient devant le roi, sur le degré de vertu que l'un prétendait avoir sur l'autre, le brahmane outré de voir le pénitent partager avec lui l'estime de la cour, déclara hautement que sa vertu était recommandable auprès du dieu Parabaravarastou, qui est, dans l'Inde, le roi des divinités de premier ordre ; qu'à l'instant même il pouvait, à son gré, se transporter dans l'un des sept cieux où les Indiens aspirent.

Le pénitent prit au mot le brahmane : et le roi, qu'ils avaient choisi pour juge de leur différend, lui prescrivit d'aller dans le ciel de Devendiren et d'en rapporter une fleur de l'arbre appelé Parisadam, dont la seule odeur communique l'immortalité. Le brahmane salua profondément le roi, prit son élan et disparut comme un éclair : la cour resta étonnée ; mais on ne doutait pas cependant que le brahmane ne perdît la gageure. Le ciel de Devendiren n'avait jamais été accessible aux mortels. Il est le séjour de quarante-huit millions de déesses qui ont pour maris cent vingt-quatre millions de dieux, dont Devendiren est le souverain ; et la fleur Parisadam, dont il est extrêmement jaloux, fait le principal délice de son ciel. Le pénitent avait grand soin de faire valoir toutes ces difficultés, et s'applaudissait déjà de la honte prochaine de son rival, lorsque tout à coup le brahmane reparut avec la fleur céleste qu'il n'avait pu cueillir que dans les jardins du dieu Devendiren, le roi, et toute la cour tombèrent d'admiration à ses genoux, et on exalta sa vertu au degré suprême. Le pénitent seul se refusa à cet hommage. « Roi, dit-il, et vous, cour trop facile à séduire, vous regardez l'accès du brahmane dans le ciel de Devendiren comme une grande merveille ! Ce n'est que l'ouvrage d'une vertu commune ; sachez que j'y envoie mon chat quand bon me semble, et que Devendiren le reçoit avec toutes sortes d'amitiés et de distinctions. »

Il dit, et sans attendre de réplique, fit paraître son chat qui s'appelait Patripatan : il lui dit un mot à l'oreille et voilà le chat qui s'élance et qui, à la vue de la cour extasiée, va se perdre dans les nues ; il perce dans le ciel de Devendiren, qui le prend entre ses bras et lui fait mille caresses.

Jusque-là le projet du pénitent allait à merveille : mais la déesse favorite de Devendiren fut frappée comme d'un coup de foudre, d'un goût si emporté pour l'aimable Patripatan qu'elle voulut absolument le garder.

Devendiren, à qui le chat avait d'abord expliqué le sujet de son ambassade, s'y opposa. Il représenta que Patripatan était attendu avec impatience à la cour du roi Salangham, qu'il y allait de la réputation du pénitent, que le plus grand affront qu'on pût faire à quelqu'un était de lui dérober son chat. La déesse ne voulut rien entendre ; tout ce que Devendiren put obtenir fut qu'elle le garderait deux ou trois siècles, après lesquels elle le renverrait fidèlement à la cour qui l'attendait. Salangham s'impatientait cependant de ce que le chat ne revenait pas ; le pénitent seul avait un front assuré ; enfin ils attendirent trois siècles entiers, sans autre inconvénient que l'impatience, car le pénitent par le pouvoir de sa vertu, empêcha que personne ne vieillit. Ce temps écoulé on vit tout à coup le ciel s'embellir, et d'un nuage de mille couleurs sortir un trône formé de différentes fleurs du ciel de Devendiren. Le chat était majestueusement placé sur ce trône ; et, étant arrivé auprès du roi, il lui présenta avec sa charmante patte une branche entière de l'arbre qui porte la fleur du Parasidam. Toute la cour cria victoire. Le pénitent fut félicité universellement, mais le brahmane osa à son tour lui disputer ce triomphe ; il représenta que la vertu du pénitent n'avait pas opéré seule ce grand succès ; qu'on savait le goût déterminé que Devendiren et sa déesse favorite avaient pour les chats, et que, sans doute Patripatan, dans cette merveilleuse aventure avait au moins la moitié de la gloire. Le roi, frappé de cette judicieuse réflexion, n'osa décider entre le pénitent et le brahmane ; mais tous les suffrages se réunirent d'admiration pour Patripatan, et depuis cet événement ce chat illustre fit les délices de cette cour, et soupa chaque soirée sur l'épaule du monarque.

Jules Laforgue — *À la mémoire d'une chatte naine que j'avais...*

Poèmes inédits

Ô mon beau chat frileux, quand l'automne morose
Faisait glapir plus fort les mômes dans les cours,
Combien passâmes-nous de ces spleeniques jours
À rêver face à face en ma chambre bien close.

Lissant ton poil soyeux de ta langue âpre et rose
Trop grave pour les jeux d'autrefois et les tours,
Lentement tu venais de ton pas de velours
Devant moi t'allonger en quelque noble pose.

Et je songeais, perdu dans tes prunelles d'or
– Il ne soupçonne rien, non, du globe stupide
Qui l'emporte avec moi tout au travers du Vide,

Rien des Astres lointains, des Dieux ni de la Mort ?
Pourtant !... quels yeux profonds !... parfois... il m'intimide
Saurait-il donc le mot ? – Non, c'est le Sphinx encore.

Léonard de Vinci

Même le plus petit félin est un chef-d'œuvre

Benjamin Constant

Lettre à Madame de Nassau
31 décembre 1813

Le monde ressemble à un chat qu'on a voulu noyer dans une rivière ; il en est sorti tant bien que mal, et il fait à présent sa toilette, polissant ses poils avec sa langue.

Tennessee Williams — *La Chatte sur un toit brûlant*

Elle fut la première créature vivante qui sembla répondre à ses regards interrogateurs. Elle était couchée en haut d'un escalier. Elle regarda Lucio cordialement et, vraiment, comme si elle l'avait reconnu... Oh, c'est vous Lucio ! semblait-elle dire. Il y a très, très longtemps que je suis là à vous attendre... » Tout de suite, Lucio sent qu'un pacte secret vient de se conclure et qu'il a enfin trouvé quelqu'un à aimer et quelqu'un qui l'aime, comme s'il était aimé depuis toujours. Le sort va-t-il enfin lui sourire ? Nitchevo ! c'est le nom qu'il va donner à sa nouvelle amie...

Jean de La Fontaine

La Chatte métamorphosée en femme
Fables

Un homme chérissait éperdument sa chatte ;
Il la trouvait mignonne, et belle, et délicate,
Qui miaulait d'un ton fort doux ;
Il était plus fou que les fous.
Cet homme donc, par prières, par larmes,
Par sortilèges et par charmes,
Fait tant qu'il obtient du Destin
Que sa Chatte, en un beau matin,
Devient femme ; et le matin même,
Maître sot en fait sa moitié.
Le voilà fou d'amour extrême,
De fou qu'il était d'amitié,
Jamais la dame la plus belle
Ne charma tant son favori
Que fait cette épouse nouvelle
Son hypocondre de mari,
Il l'amadoue ; elle le flatte ;
Il n'y trouve plus rien de chatte ;
Et poussant l'erreur jusqu'au bout,
La croit femme en tout et partout ;
Lorsque quelques souris qui rongeaient de la natte,
Troublèrent le plaisir des nouveaux mariés.
Aussitôt la femme est sur pieds.
Elle manqua son aventure.
Souris de revenir, femme d'être en posture :
Pour cette fois elle accourut à point ;
Car ayant changé de figure,
Les souris ne la craignaient point.
Ce lui fut toujours une amorce,
Tant le naturel a de force.
Il se moque de tout, certain âge accompli.
Le vase est imbibé, l'étoffe a pris son pli
En vain de son train ordinaire
On le veut désaccoutumer :
Quelque chose qu'on puisse faire,
On ne saurait le réformer
Coups de fourche ni d'étrivières
Ne lui font changer de manières ;
Et fussiez-vous embâtonnés,
Jamais vous n'en serez les maîtres.
Qu'on lui ferme la porte au nez,
Il reviendra par les fenêtres.

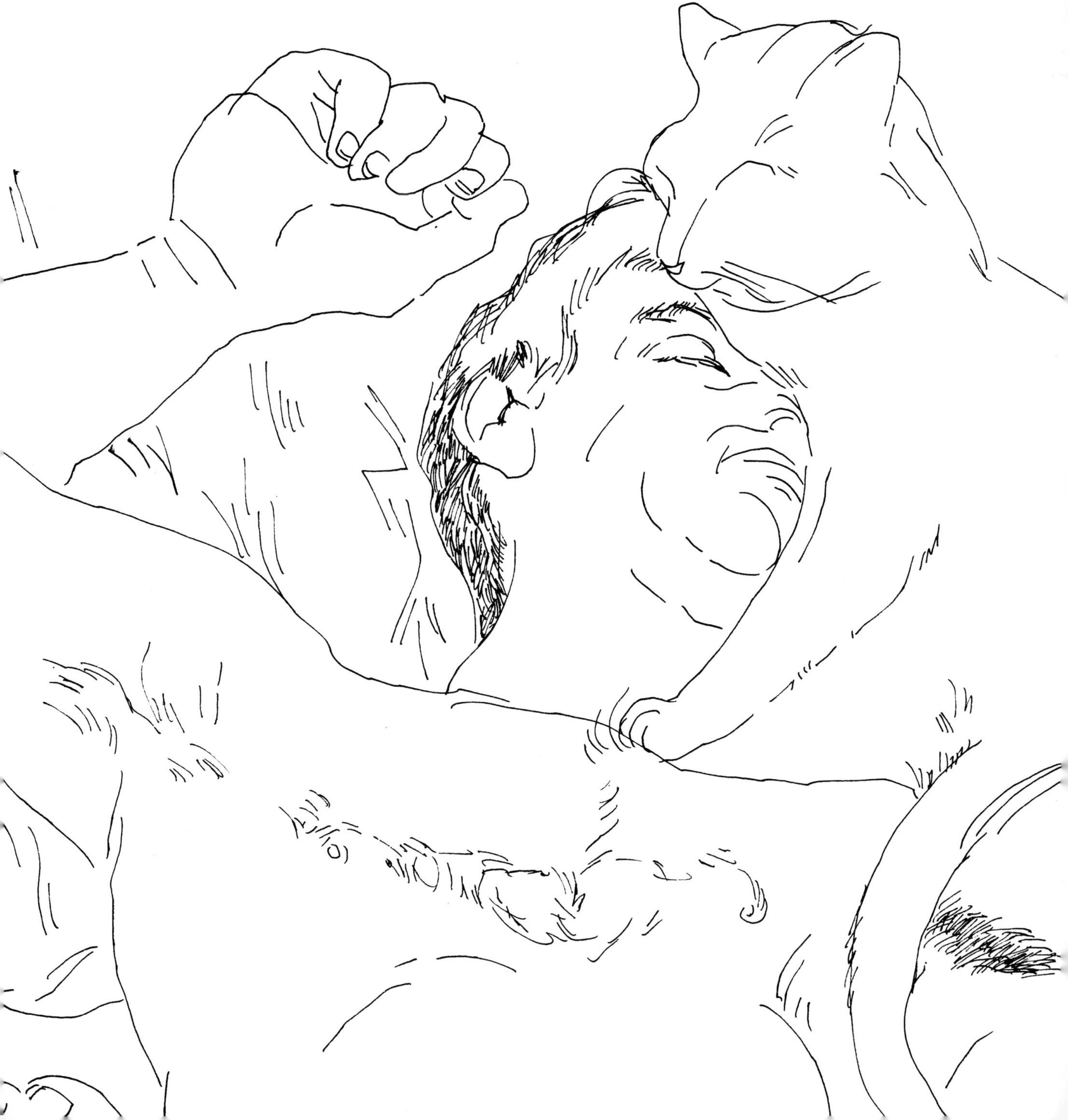

Ernest Hemingway

Paradis perdu

Il n'y avait que deux Américains descendus à l'hôtel. Ils ne connaissaient aucun des clients qu'ils croisaient dans l'escalier en allant à leur chambre ou en la quittant. Leur chambre était au deuxième et donnait sur la mer. Elle avait vue aussi sur le Jardin Public et le Monument aux Morts. Il y avait de grands palmiers et des bancs verts dans le Jardin Public, et, par beau temps, on y voyait toujours un artiste avec son chevalet.

Les artistes aimaient la forme de ces palmiers, et les couleurs éclatantes des hôtels qui donnent sur le jardin et sur la mer. Les Italiens venaient de loin voir le Monument aux Morts. Il était en bronze et luisait sous la pluie. Il pleuvait. L'eau gouttait des palmiers et des flaques se formaient dans les allées de gravier. La mer roulait tout le long de la plage, puis se retirait pour revenir se briser sur le sable derrière le rideau de pluie.

Les voitures avaient déserté la place près du Monument aux Morts. De l'autre côté, un garçon planté à l'entrée du café, contemplait la place déserte. L'Américaine, debout devant la vitre, regardait au-dehors. Dans le jardin, juste sous leur fenêtre, un chat était tapi sous l'une des tables vertes, dégoulinante de pluie. Il se recroquevillait pour éviter les gouttes d'eau :

– Je vais descendre chercher ce minet, dit l'Américaine.

– Je vais y aller, proposa le mari, de son lit.

– Non, j'irai. Le pauvre petit qui essaie de s'abriter sous une table ! Le mari reprit sa lecture. Il était allongé, la tête sur les deux oreillers au pied du lit.

– Ne te fais pas mouiller.

Elle descendit ; le propriétaire se leva et la salua au passage. Sa table était tout au fond de son bureau. C'était un vieux monsieur très grand.

– Piove, dit-elle.

Elle aimait bien l'hôtelier.

– Si, si, Signora, brutto tempo. Il fait très mauvais.

Il était debout derrière son bureau, au fond de la pièce sombre. La jeune femme l'aimait bien. Elle aimait la calme froideur avec laquelle il recevait toutes les réclamations. Elle aimait sa dignité. Elle aimait sa serviabilité et sa façon de comprendre sa profession. Elle aimait son vieux visage lourd et ses grandes mains.

Sur ces impressions, elle ouvrit la porte et jeta un coup d'œil au dehors. Il pleuvait très fort. Un homme avec une pèlerine caoutchoutée traversait la place déserte en direction du café. Le chat devait être quelque part à droite. Peut-être pourrait-elle suivre le mur à l'abri du toit. Comme elle attendait sur le seuil, un parapluie s'ouvrit derrière elle. C'était la femme de chambre de leur étage.

– Il ne faut pas vous mouiller, dit-elle en italien.

Elle souriait ; naturellement, c'était l'hôtelier qui l'avait envoyée.

Abritée par le parapluie que tenait la femme de chambre, elle suivit l'allée de gravier jusque sous leur fenêtre. La table était là, toute verte et brillante sous la pluie, mais le chat était parti. Elle éprouva une déception soudaine. La femme de chambre la regarda.

– Ha perduto qualche cosa, Signora ?

– Il y avait un chat, dit l'Américaine.

– Un chat ?

– Si, il gatto !

– Un chat ? dit la femme de chambre en riant. Un chat sous la pluie.

– Oui, sous la table. Oh ! j'en avais tellement envie ; je voulais un minet.

Quand elle parlait anglais, le visage de la femme de chambre se concentrait.

– Venez, Signora, il faut rentrer, vous allez vous faire mouiller.

– Oui... sans doute, dit l'Américaine.

Elles reprirent l'allée et franchirent la porte. La femme de chambre resta dehors pour fermer le parapluie. Quand l'Américaine passa devant le bureau, le patron la salua de sa table. Sa gorge se serra. Elle se sentait toute petite devant le padrone et en même temps très importante. Un instant, elle eut le sentiment d'être extraordinairement importante. Puis, elle gravit l'escalier et ouvrit la porte de la chambre. George lisait, allongé sur le lit.

– As-tu trouvé ce chat ? demanda-t-il en posant son livre.

– Il était parti.

– Où a-t-il bien pu aller ? fit-il en levant les yeux de son livre.

Elle s'assit sur le lit.

– J'en avais tellement envie, dit-elle. Je ne sais pas pourquoi je le voulais tellement. Je voulais ce pauvre minet. Ce n'est pas drôle d'être un pauvre petit chat dehors sous la pluie.

George s'était remis à lire.

Elle alla s'asseoir en face du miroir de la coiffeuse et se regarda dans la glace à main. Elle étudia son profil, d'abord d'un côté, puis de l'autre. Ensuite, elle étudia sa nuque et son cou.

– Ne crois-tu pas que ce serait une bonne idée de laisser pousser mes cheveux ? demanda-t-elle en inspectant de nouveau son profil.

George regarda sa nuque dégagée comme celle d'un garçon.

– Je les aime bien comme ça.

– Moi, j'en ai assez, dit-elle ; j'en ai assez d'avoir l'air d'un garçon. George changea de position dans le lit. Il ne l'avait pas quittée des yeux depuis qu'elle avait commencé à parler.

– Tu es rudement jolie, dit-il.

Elle posa la glace sur la coiffeuse, alla à la fenêtre et regarda dehors. Le soir tombait.

– Je veux tirer mes cheveux en arrière et les avoir bien lisses avec un gros chignon dans le cou que je

puisse sentir, dit-elle. Je veux avoir un minet sur les genoux qui ronronne quand je le caresse.
– Ah oui ? fit George de son lit.
– Et je veux manger à table avec mon couvert, et je veux des bougies. Je veux que ce soit le printemps et je veux brosser mes cheveux devant une glace ; je veux un petit minou et je veux de nouvelles robes.
– Oh, tais-toi et prends un bouquin ! dit George.
Il se remit à lire.
Sa femme regardait par la fenêtre. Il faisait complètement noir maintenant et il continuait à pleuvoir sur les palmiers.
– En tous cas, je veux un chat ; je veux un chat, je veux un chat tout de suite ! Si je ne peux pas avoir des cheveux longs, et si je ne peux pas m'amuser. Je peux au moins avoir un chat.
George n'écoutait pas. Il lisait son livre. Par la fenêtre, sa femme regardait la place qui venait de s'éclairer.
Quelqu'un frappa à la porte.
– Avanti, fit George, en levant les yeux.
La femme de chambre était à la porte. Elle serrait entre ses bras un gros chat, gris comme une carapace de tortue.
– Excusez-moi, dit-elle, le padrone m'a demandé d'apporter ceci pour la Signora.

John Keats

Ô chat, qui franchit le grand seuil…
To Mrs. Renolds Cat

Ô Chat, qui franchit le grand seuil de ton âge, – Combien de rats, de souris, as-tu massacrés – En ton temps, et de friandises dérobées ? – Tourne ton regard triste, vert et lumineux, – Dresse tes oreilles veloutées, mais, veux-tu, – Ne plante pas tes griffes acérées en moi ; – Et conte-moi en ton langage délicat – Tes carnages de poissons, de souris, de rats, – De tendres poussins. Non, ne baisse pas les yeux ; – Ne lèche pas tes gracieux poignets. Malgré – Ton souffle par l'asthme écourté, (ta queue coupée), – Tes chairs si souvent par des servantes meurtries, – Comme au combat d'antan sur des murs hérissés, – Ton pelage a gardé son entière douceur […].

Rudyard Kipling

Le Chat qui s'en va tout seul

Histoires comme ça

Hâtez-vous d'ouïr et d'entendre ; car ceci fut, arriva, devint et survint, ô Mieux-Aimé, au temps où les bêtes apprivoisées étaient encore sauvages. Le chien était sauvage, et le cheval était sauvage, et la vache était sauvage, et le cochon était sauvage – et ils se promenaient par les chemins mouillés du bois sauvage, tous sauvages et solitairement. Mais le plus sauvage de tous était le chat. Il se promenait seul et tous les lieux se valaient pour lui.

Théophile Gautier — *Ménagerie intime*

Acquérir l'amitié d'un chat est chose difficile. C'est une bête philosophique, étrange, tranquille, tenant à ses habitudes, amie de l'ordre et de la propreté et qui ne place pas son affection à l'étourdie : il veut bien être votre ami si vous en êtes digne, mais non pas votre esclave. Dans cette tendresse, il garde son libre arbitre et il ne fera pas pour vous ce qu'il juge déraisonnable ; mais une fois qu'il s'est donné à vous, quelle confiance absolue, quelle fidélité d'affection ! Il se fait le compagnon de vos heures de solitude, de recueillement et de travail. Il reste des soirées entières sur votre genou, filant son rouet, heureux d'être avec vous, et délaissant la compagnie des animaux de son espèce. En vain des miaulements retentissent sur le toit, l'appelant à une de ces soirées de chats où le thé est remplacé par du jus de hareng saur, il ne se laisse pas tenter et prolonge avec vous sa veillée. Si vous le posez à terre, il regrimpe bien vite à sa place avec une sorte de roucoulement qui est comme un doux reproche.

Yves Berger — *Chat plume*

Qui n'est pas fasciné par le regard du chat ? Lorsqu'elle vient s'accroupir sur ma poitrine, elle est très proche de mon visage. Je lui parle alors très doucement. Elle se met à fixer mes yeux, avec un regard si intense que j'ai le sentiment que son animalité va basculer dans l'humanité. Puis elle détourne le regard, et là je comprends qu'elle retourne dans sa fatalité.

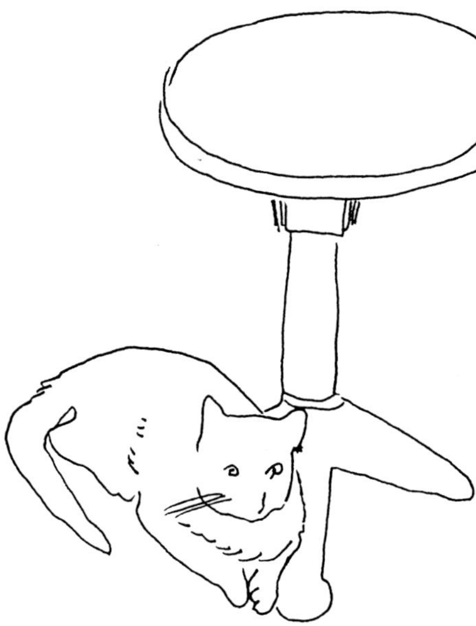

François-René de Chateaubriand *Lettre au comte de Marcellus*

J'aime dans le chat ce caractère indépendant et presque ingrat qui le fait ne s'attacher à personne ; et cette indifférence avec laquelle il passe des salons à ses gouttières natales ; on le caresse, il fait gros dos, mais c'est un plaisir physique qu'il éprouve, et non, comme le chien, une niaise satisfaction d'aimer et d'être fidèle à son maître, qui le remercie à coup de pied.

Buffon a maltraité le chat ; je travaille à sa réhabilitation, et j'espère en faire un animal à la mode du temps [...].

Rainer Maria Rilke

Le Chat noir

Nouveaux poèmes

Un fantôme est encor comme un lieu
où ton regard se heurte comme un son ;
mais contre ce pelage noir
ton regard le plus fort est dissous :

ainsi un fou furieux, au paroxysme
de sa rage, trépigne dans le noir
et soudain, dans le capitonnage sourd
de sa cellule, cesse et s'apaise.

Tous les regards qui jamais l'atteignirent,
il semble en lui les recéler
pour en frémir, menaçant, mortifié,
et avec eux dormir.
Mais soudain, dressé vif, éveillé,
Il tourne son visage – dans le tien :
Et tu retrouves à l'improviste
Ton regard dans les boules d'ambre
Jaunes de ses yeux : enclos
Comme un insecte fossilisé.

Lewis Carroll

Alice au pays des merveilles

Le bébé grogna encore et Alice le regarda avec inquiétude. Il ne pouvait y avoir aucun doute : la chose avait un nez très retroussé qui ressemblait beaucoup plus à un groin qu'à un vrai nez , de plus ses yeux devenaient trop petits pour être ceux d'un bébé. Alice n'était pas ravie de tout cela « Mais peut-être n'est-ce que son gros chagrin », pensa-t-elle et elle regarda dans ses yeux pour voir s'il y avait des larmes. Non, il n'y avait pas de larmes. « Si vous devez vous changer en cochon, mon cher, dit Alice sérieusement, je ne veux plus rien avoir à faire avec vous. [...]

Attention ! « La pauvre petite chose se remit à sangloter (ou à grogner, on ne savait au juste) et Alice continua son chemin sans rien dire. Elle se demandait : « Que ferai-je de cette créature quand je rentrerai à la maison ? » Lorsque la chose se remit à grogner, mais avec tant de force qu'Alice en fut alarmée. Cette fois il ne pouvait plus y avoir de doute ; ce n'était ni plus ni moins qu'un cochon et elle comprit qu'il serait absurde de l'emporter plus loin. Elle le déposa donc par terre et fut très heureuse de le voir trottiner tranquillement vers le bois. « S'il avait grandi, pensa-t-elle, il aurait fait un enfant terriblement laid, mais il fait un assez joli petit cochon, je crois. » Et elle se mit à penser à d'autres enfants qu'elle connaissait et qui feraient de très jolis petits cochons. [...]

Elle se disait : « Si seulement on savait comment les changer... », quand elle sursauta à la vue du Chat de Chester, assis sur la branche d'un arbre, à quelques mètres de là. Le chat sourit. « Il a l'air d'avoir bon caractère », pensa Alice. Pourtant il avait de très longues griffes et beaucoup de dents et elle estima qu'il valait mieux le traiter avec respect. « Minet de Chester », commença-t-elle, plutôt timidement, car elle ne savait pas s'il aimerait ce nom, mais son sourire s'élargit un peu plus. « Allons-y, ça lui plaît », pensa Alice, et elle poursuivit : « Voudriez-vous me dire, s'il vous plaît, quelle direction je dois prendre pour quitter cet endroit ? » « Cela dépend surtout de l'endroit où vous voulez aller » dit le chat. « Ça m'est égal » dit Alice. [...]

« Alors peu importe quelle direction vous prendrez » dit le chat. « Pourvu que j'arrive quelque part » dit Alice en manière d'explication. « Oh ! Vous êtes sûre d'arriver quelque part si seulement vous marchez assez longtemps » dit le chat. Alice sentait que ces réponses étaient discutables. Elle risqua une autre question : « Quelle sorte de gens vivent dans le voisinage ? » « Dans cette direction, dit le chat, faisant un geste de la patte droite, vit un chapelier. Dans cette direction, et il fit un geste de sa patte gauche, vit un lièvre de mars. Allez voir celui que vous voudrez, ils sont fous tous les

deux. » « Mais je ne tiens pas à aller chez des fous » fit observer Alice. « Oh vous ne pouvez pas faire autrement, dit le chat, nous sommes tous fous ici. Je suis fou. Vous êtes folle. » [...]
« Comment savez-vous que je suis folle ? » demanda Alice. « Vous devez l'être, dit le chat, sinon vous ne seriez pas ici. » Alice ne considéra pas cette explication comme suffisante. « Et comment savez-vous que vous êtes fou ? » dit-elle alors. « Pour commencer, dit le chat, vous reconnaissez qu'un chien n'est pas fou ? » « Je le suppose », dit Alice. « Eh bien, poursuivit le chat, un chien gronde quand il est en colère et remue sa queue quand il est content. Moi je gronde quand je suis content et je remue la queue quand je suis en colère. Donc je suis fou. » « J'appelle ça ronronner, pas gronder », dit Alice. [...]
« Appelez ça comme vous voudrez, dit le chat. Jouez-vous au croquet avec la Reine aujourd'hui ? » « J'aimerais beaucoup, dit Alice, mais je n'ai pas encore été invitée. » « Vous m'y verrez », dit le chat, et il disparut. Alice n'en fut pas trop surprise, car elle commençait à s'habituer à ces étrangetés. Comme elle regardait l'endroit où il venait de s'évanouir, il réapparut brusquement. « À propos, qu'est devenu le bébé ? J'allais oublier de vous le demander. » « Il s'est changé en cochon », répondit Alice calmement, comme si la réapparition du chat était naturelle. « Je le pensais bien », dit le chat, et il s'évanouit pour la seconde fois. Alice attendit un peu dans l'espoir de le revoir, mais ce fut en vain, et, après une ou deux minutes, elle dirigea ses pas vers l'endroit où vivait le lièvre de mars. [...]
« J'ai déjà vu des chapeliers, se dit-elle, le lièvre de mars sera plus intéressant et peut-être, comme nous sommes en mai, ne sera-t-il pas fou à lier, en tout cas pas si fou qu'en mars. » Ce disant, elle regarda en l'air et vit le chat encore une fois assis sur la branche. « Avez-vous dit cochon ou torchon ? » demanda-t-il. « J'ai dit cochon, répliqua Alice, et j'aimerais bien que vous cessiez d'apparaître et de disparaître si rapidement. » « Très bien », dit le chat, et cette fois il s'évanouit lentement en commençant par le bout de sa queue pour finir par le sourire qui demeura en suspens quelques temps après tout le reste. « Eh bien, j'ai souvent vu un chat sourire, pensa Alice, mais un sourire sans chat ! C'est bien la chose la plus étrange que j'aie jamais vu jusqu'ici ! »

Renart, Tybert et l'Andouille
Le Roman de Renart

Vous avez vu comment Renart avait, à grand-peine, tiré sa jambe du terrible piège. Quand il eut un peu dormi d'un sommeil agité, il se remit tristement en chemin, clochant du pied et pressé d'une faim cruelle. Tybert le croyait bien mort, quand il le vit arriver à lui, la queue basse, l'œil doux et bienveillant. Ce n'est pas qu'à la vue de celui qui l'avait si bien joué le sang ne lui frémît violemment ; mais, pour assurer sa vengeance, il sentit qu'il fallait se contraindre.

– Eh ! Tybert, quel vent vous mène ? lui dit-il en le voyant fuir ; là ! là ! ne courez pas si vite. Laissez-moi vous dire quelques mots : avez-vous oublié la foi jurée ? Si vous pouviez me supposer la moindre rancune, vous seriez dans une grande erreur. À Dieu ne plaise ! j'ai repris ce chemin uniquement dans l'espoir de vous rejoindre, comme mon féal chevalier.

À ces paroles doucement prononcées, Tybert ralentit le pas ; il s'arrête même, en prenant soin toutefois de bien préparer ses ongles. Pour Renart, épuisé de faim et de fatigue, il était encore moins disposé que la veille à engager une lutte ouverte.

– En vérité, mon cher Tybert, dit-il, le monde est bien méchant : on n'y connaît plus de charité ; on ne songe qu'à tromper les autres, comme si la mauvaise foi n'était pas toujours punie. Je vous dis cela pour ce grand sermonneur, le compère Ysengrin, qui tout nouvellement est entré dans les Ordres : j'apprends qu'il vient d'être surpris par celui qu'il voulait prendre, et son exemple m'a fait ouvrir les yeux. Je ne veux pas être traité comme lui ; jamais les méchants n'ont fait une bonne fin, et je sais trop bien, d'ailleurs, ce qu'il en coûte de ne pas avoir de véritable ami. Vous, par exemple, Tybert, pour qui j'ai toujours ressenti une affection particulière, quand vous m'avez cru mort, vous avez décampé. Non que vous ayez ri de mon malheur ; je ferais mauvais parti à qui vous en accuserait, puisqu'il y avait entre nous foi jurée ; mais, dites-moi bien la vérité, cher Tybert : vous avez eu, n'est-ce pas, un grand chagrin de cœur en me voyant arrêté dans le piège, quand les chiens s'attachaient à mes flancs et que le vilain levait sur moi sa cognée ? Il croyait me tuer du coup, et du coup il me délivra, si bien que j'ai, grâce à Dieu, conservé ma peau.

– J'en ai vraiment de la joie, dit Tybert.

– N'est-ce pas ? J'en étais sûr : bien que vous ayez peut-être un peu aidé à me pousser dans ce vilain piège, ce que je vous pardonne, et de grand cœur. Seulement je dis, non pour vous en faire un reproche, que vous auriez pu agir un peu plus charitablement. N'en parlons plus !

Tybert, à ces douces paroles, répondait mollement,

en protestant de ses bonnes intentions ; et, comme on semblait disposé à l'en croire, il offrit de renouveler son hommage, tandis que Renart s'engagerait à le défendre envers et contre tous. Voilà la paix de nouveau signée, paix que l'un et l'autre entendent tenir comme à l'ordinaire.

Ils suivaient, sans trop discourir, le sentier frayé, tourmentés d'une faim à peu près égale, quand ils font rencontre d'une grande andouille abandonnée près du chemin, à l'entrée d'une terre labourée. Renart s'en saisit le premier.

– J'y ai part ! crie Tybert aussitôt.

– Assurément, reprend Renart ; si je vous en privais, que deviendrait la foi jurée ?

– Eh bien ! partageons et mangeons.

– Non, doux ami, le lieu n'est pas assez écarté ; nous y serions mal à l'aise. Il faut l'emporter ailleurs.

– J'y consens, puisque vous le voulez.

Renard prend l'andouille par le milieu, de façon à laisser pendre les deux bouts. Tybert le suivait, inquiet de ce qu'il avait en pensée. Ah ! s'il tenait lui-même la bienheureuse pièce, il serait plus assuré d'en avoir au moins sa part.

– Eh ! mon Dieu, dit-il, compain, comment tenez-vous donc cette andouille ! Vous en laissez traîner les bouts dans la poussière et vous mouillez le milieu de votre salive, c'est à soulever le cœur. Si vous continuez, je vous en cède ma part. Oh ! que je la porterais autrement !

– Comment la porteriez-vous ?

– Vous allez voir : aussi bien dois-je avoir tout le mal, puisque vous l'aviez vue le premier.

Renart, tout bien considéré, le laissa faire. « Car, pensait-il, la charge l'embarrassera, et j'aurai plus aisément raison de lui. »

Tybert prend l'andouille, serre un des bouts entre ses dents, la balance et la rejette sur son dos.

– Voyez-vous, compain, dit-il, cela s'appelle porter une andouille ; elle ne prend pas de poussière, et ma bouche ne touche que ce qu'on ne mange pas. Suivons le chemin ; il conduit à la croix que nous apercevons là sur cette hauteur : bon endroit pour y manger à l'aise ; on voit de tous côtés, on n'y craint pas de surprise.

Renart n'était pas trop de cet avis ; mais le chat, sans attendre de permission, courait a toutes jambes, et c'était à Renart de le suivre.

– Attendez-moi donc, compain !

– Mais vous, reprenait Tybert, hâtez le pas, si vous voulez arriver à temps.

Quand il fut au haut du tertre, Tybert, qui, dès sa première enfance, avait appris l'art de monter et descendre, dresse les pieds, et, grâce à ses ongles, grimpe aisément sur les bras de la croix. Il s'y arrête en ronronnant, pendant que Renart arrive :

– Eh ! Tybert, comment l'entendez-vous ?

– Comme il faut, compain, Montez, nous mangerons ensemble.

Anne Hébert

Chat Plume

Avoir un chat à la maison, pour moi, c'est un enrichissement. Quand je travaille, j'ai l'impression qu'il s'intéresse à ce que je fais. Dès que je m'installe, il accourt. L'odeur de l'encre ou celle des feuilles de papier, ça l'intéresse. Il s'installe sur le paquet de feuilles, ce n'est pourtant pas très confortable. Sa compagnie demeure discrète, délicate, il n'est pas envahissant. Parfois, dans la journée, il va se coucher dans les rayons du soleil. Quand il a trop chaud et qu'il en a marre, il revient. Il essaie de prendre le stylo. Si je tape à la machine il essaie d'attraper les touches au vol. Ce qu'il préfère par-dessus tout, c'est s'étaler sur mon manuscrit, sous la lampe, de toute sa longueur. Ça ne m'agace pas. Ça n'est pas que je sois patiente. Je trouve ça charmant.

Claude Roy

Comment pendant l'été 1983 à Haut-Bour, la chatte...

À la Lisière du temps

Le champ d'avoine légère respire au vent imperceptible
à côté du blé au garde-à-vous roide dans son pourpoint
La chatte noire invisible fait sa couleuvre
et se faufile entre les tiges à ras du sol.
Elle émerge en miaulant dans les froissements des épis
nette comme un caractère à l'encre de Chine
sur fond de sable d'or et de soleil en paille.

Malade, une sorte de prière

Permis de séjour

À la chatte grise qui sans rien dire à personne
s'est trouvée un jour pleine la très douce outre duveteuse
puis après soixante jours a mis bas en ronronnant
deux tigrés et deux noir et blanc
qui se collent à ses tétines roses
et boivent en fermant les yeux et pétrissant ses poils
la source de toute vie qui nourrit toutes les bouches
je demande protection [...].

Honoré de Balzac

Les Peines de cœur d'une chatte anglaise

Scènes de la vie privée et publique des animaux

Un matin, moi, pauvre petite fille de la nature, attirée par de la crème contenue dans un bol, sur lequel un *muffing* était posé en travers, je donnai un coup de patte au *muffing*, je lapai la crème ; puis, dans la joie, et peut-être aussi par un effet de la faiblesse de mes jeunes organes, je me livrai, sur le tapis ciré, au plus impérieux besoin qu'éprouvent les jeunes Chattes. En apercevant la preuve de ce qu'elle nomma mon intempérance et mon défaut d'éducation, elle me saisit et me fouetta vigoureusement avec des verges de bouleau, en protestant qu'elle ferait de moi une lady ou qu'elle m'abandonnerait.

– Voilà qui est gentil ! disait-elle. Apprenez, miss Beauty, que les Chattes anglaises enveloppent dans le plus profond mystère les choses naturelles qui peuvent porter atteinte au respect anglais, et bannissent tout ce qui est *improper*, en appliquant à la créature, comme vous l'avez entendu dire au révérend docteur Simpson, les lois faites par Dieu pour la création. Avez-vous jamais vu la Terre se comporter indécemment ? [...] Désormais, quand pareille envie vous saisira, regardez la croisée, ayez l'air de vouloir vous promener, et vous irez dans un taillis ou sur une gouttière. Si l'eau, ma fille, est la gloire de l'Angleterre, c'est précisément parce que l'Angleterre sait s'en servir, au lieu de la laisser tomber, comme une sotte, ainsi que font les Français, qui n'auront jamais de marine à cause de leur indifférence pour l'eau.

Je trouvai, dans mon simple bon sens de Chatte, qu'il y avait beaucoup d'hypocrisie dans cette doctrine ; mais j'étais si jeune !

– Et quand je serai dans la gouttière ? pensai-je en regardant la vieille fille.

– Une fois seule, et bien sûre de n'être vue de personne, eh ! bien. Beauty, tu pourras sacrifier les convenances, avec d'autant plus de charme que tu te seras plus retenue en public. En ceci éclate la perfection de la morale anglaise qui s'occupe exclusivement des apparences, ce monde n'étant, hélas ! qu'apparence et déception.

J'avoue que tout mon bon sens d'animal se révoltait contre ces déguisements ; mais, à force d'être fouettée, je finis par comprendre que la propreté extérieure devait être toute la vertu d'une chatte anglaise. Dès ce moment, je m'habituai à cacher sous les lits les friandises que j'aimais. Jamais personne ne me vit ni mangeant, ni buvant, ni faisant ma toilette. Je fus regardée comme la perle des Chattes.

J'eus alors l'occasion de remarquer la bêtise des Hommes qui se disent savants. Parmi les docteurs et autres gens appartenant à la société de ma maîtresse, il y avait ce Simpson, espèce d'imbécile, fils d'un riche propriétaire, qui attendait un bénéfice, et qui, pour le mériter, donnait des explications

religieuses de tout ce que faisaient les Animaux. Il me vit un soir lapant du lait dans une tasse, et fit compliment à la vieille fille de la manière dont j'étais élevée, en me voyant lécher premièrement les bords de l'assiette, et allant toujours en tournant et diminuant le cercle du lait.

– Voyez, dit-il, comme dans une sainte compagnie tout se perfectionne : Beauty a le sentiment de l'éternité, car elle décrit le cercle qui en est l'emblème, tout en lapant son lait.

La conscience m'oblige à dire que l'aversion des chattes pour mouiller leurs poils était la seule cause de ma façon de boire dans cette assiette ; mais nous serons toujours mal jugés par les savants, qui se préoccupent beaucoup plus de montrer leur esprit que de chercher le nôtre.

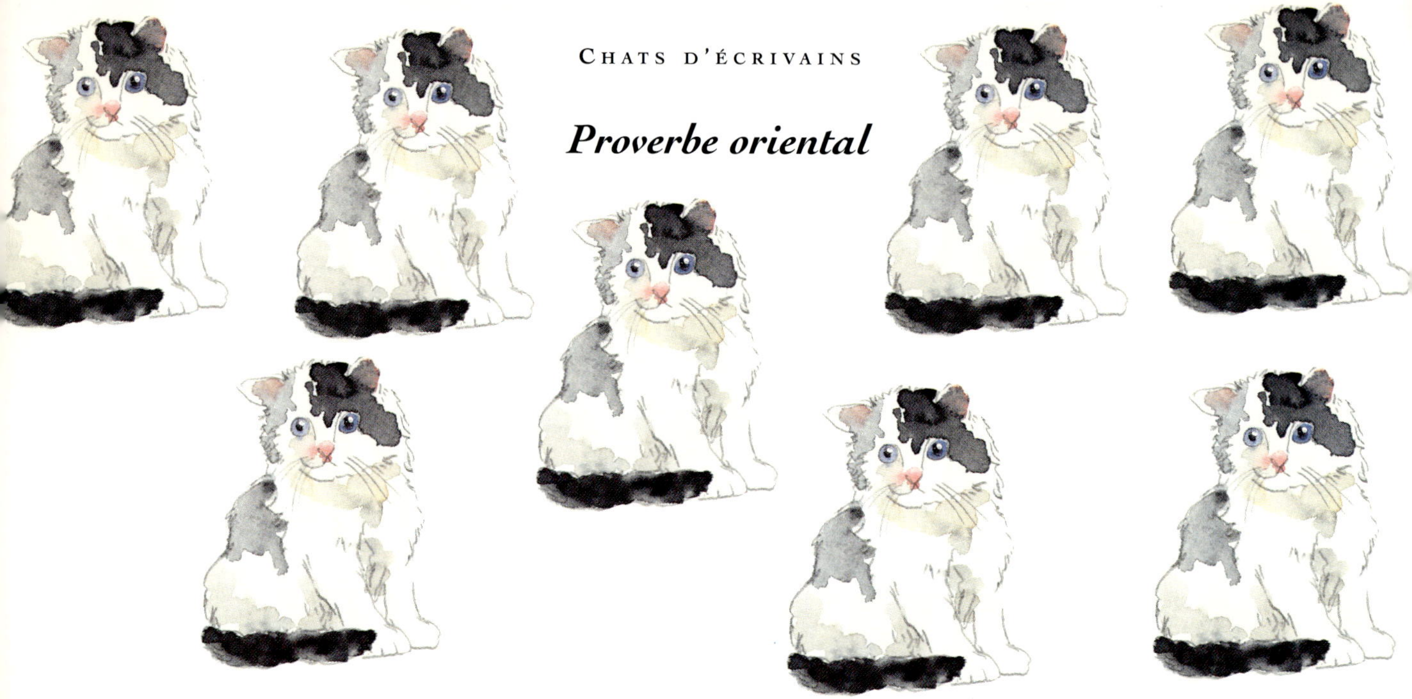

Proverbe oriental

Quand les souris envahissent le palais, le chat le plus lent est meilleur que le plus rapide cheval.

François-René de Chateaubriand *Les Mémoires d'outre-tombe*

J'ai pour compagnon un gros chat gris-roux à bandes noires transversales. Il est né au Vatican dans la loge de Raphaël. Léon XII l'avait élevé dans un pan de sa robe où je l'avais vu souvent avec envie, quand le pontife me donnait audience. On l'a surnommé « le Chat du Pape ». En cette qualité, il jouit spécialement d'une extrême considération auprès des dames pieuses. Je cherche à lui faire oublier l'exil, la chapelle Sixtine, le soleil de cette coupole de Michel-Ange, sur laquelle il se promenait, loin de la terre [...].

Esope

La Chatte et Vénus

Fables

Une chatte s'étant éprise d'un charmant jeune homme, supplia Vénus de la métamorphoser en femme. La déesse eut pitié de son fol amour, et la changea en gracieuse jeune fille. Ainsi le jeune homme eut occasion de la voir, s'éprit d'elle, et l'emmena comme épouse dans sa propre maison. Un jour qu'ils étaient au lit, dans la chambre nuptiale, Vénus voulut savoir si, en changeant de corps la chatte avait changé aussi de naturel, et elle lâcha une souris au milieu de la chambre. Aussitôt, oubliant tout, la chatte sauta brusquement hors du lit, et courut après la souris afin de la croquer. La déesse alors indignée contre elle, lui fit reprendre son ancienne nature.

C'est ainsi que les homme nés foncièrement pervers changeraient-ils d'état, restent ce que la nature les a faits.

Jean-Louis Hue *Le Chat dans tous ses états*

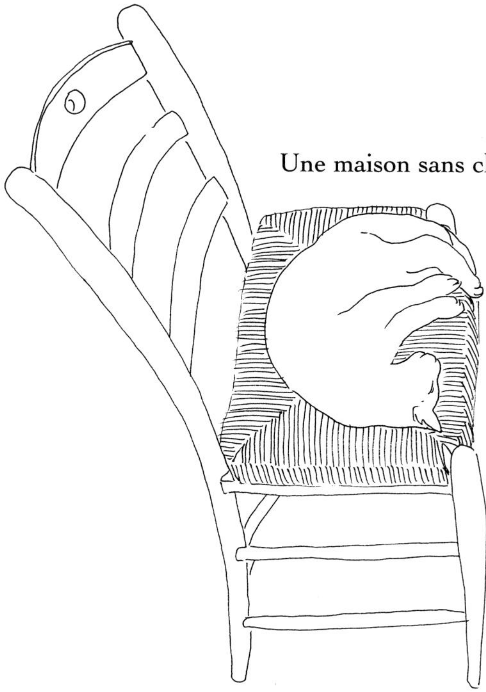

Une maison sans chat est un aquarium sans poisson.

Fernando Arrabal

La Pierre de la folie

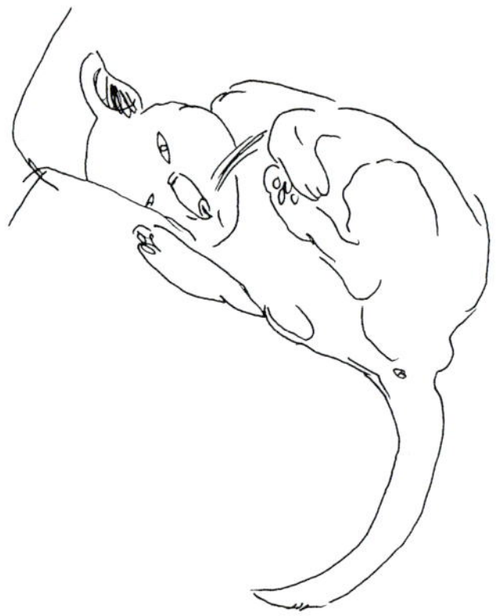

À mon réveil je vis que le chat, sur la commode, me regardait fixement, immobile.
Il avait peut-être passé la nuit dans cette attitude.

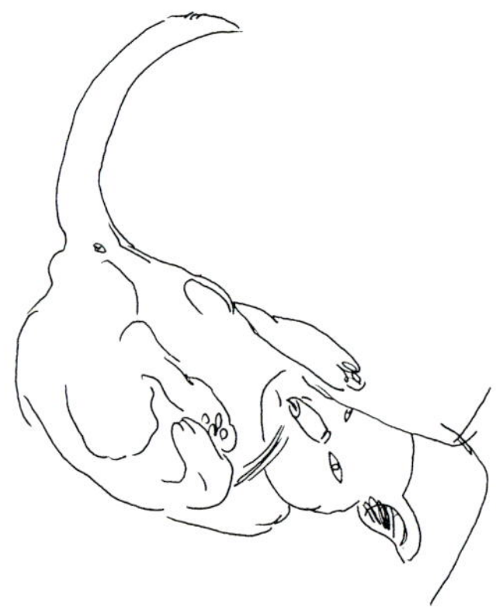

Honoré de Balzac

Les Peines de cœur d'une chatte anglaise

Scènes de la vie privée et publique des animaux

Beauty est tout à fait morale, c'est un petit ange[...] Quoiqu'elle soit très belle, elle a l'air de ne pas le savoir. Elle ne regarde jamais personne, ce qui est le comble des belles éducations aristocratiques ; il est vrai qu'elle se laisse voir très volontiers ; mais elle a surtout cette parfaite insensibilité que nous demandons à nos jeunes miss et que nous ne pouvons obtenir que très difficilement.
Elle attend qu'on la veuille pour venir, elle ne saute jamais sur vous familièrement, personne ne la voit quand elle mange, et certes, ce monstre de Lord Byron l'eut adorée. En bonne et vraie anglaise, elle aime le thé, se tient gravement quand on explique la Bible, et ne pense de mal de personne, ce qui lui permet d'en entendre dire.
Elle est simple et sans aucune affectation, elle ne fait aucun cas des bijoux : donnez-lui une bague, elle ne la gardera pas ; enfin, elle n'imite pas la vulgarité de celles qui chassent, elle aime le *home*, et reste si parfaitement tranquille, que parfois, vous croiriez que c'est une chatte mécanique faite à Birmingham ou à Manchester, ce qui est le *nec plus ultra* de la belle éducation.

Fernando Arrabal

La Pierre de la folie

Dans l'obscurité je ne vois que les yeux du chat. Ils sont immobiles et ils me regardent. Je les regarde aussi sans bouger.
Tout à coup, dans l'un de ses yeux, j'ai vu écrit « Panique », et, dans l'autre, « Sérénité ».
Mais bien vite le chat ferme les yeux et je ne vois plus que l'obscurité.

Conte arabe

On raconte qu'un homme s'assit pour manger du pain, du fromage et de la viande rôtie. Un chat vint miauler près de lui. L'homme prit du pain et le lui jeta ; le chat le flaira et ne le mangea pas. L'homme prit un morceau de fromage et le lui jeta ; le chat le flaira encore sans le manger. Alors, l'homme tira un dirham et le lui jeta, en disant :

– Va acheter avec cela ce que tu voudras.

Hérodote — *Histoires*

Lorsqu'un incendie se produit, il arrive aux chats des choses qui tiennent du prodige. Les Égyptiens, debout de distance en distance, veillent sur eux, sans se soucier d'éteindre ce qui brûle ; mais les chats se glissent entre les hommes ou sautent par-dessus, et se jettent dans le feu. Ces événements sont pour les Égyptiens l'occasion de grands deuils. Quand, dans une maison, un chat meurt de mort naturelle, tous les habitants de la maison se rasent les sourcils, les sourcils seulement ; là où il meurt un chien, on se rase le corps entier et la tête. Les chats morts sont portés dans des locaux sacrés où ils reçoivent la sépulture après qu'on les a embaumés, à Boubastis.

Théophile Gautier — *Ménagerie intime*

Madame Théophile, notre chatte, n'avait jamais vu de perroquet ; et cet animal, nouveau pour elle, lui causait une surprise évidente.

Aussi immobile qu'un chat embaumé d'Egypte dans son lacis de bandelettes, elle regardait l'oiseau avec un air de méditation profonde, rassemblant toutes les notions d'histoire naturelle qu'elle avait pu recueillir sur les toits, dans la cour et le jardin. L'ombre de ses pensées passait par ses prunelles changeantes et nous pûmes y lire ce résumé de son examen : « Décidément, c'est un poulet vert. »

Le perroquet suivait les mouvements de la chatte avec une inquiétude fébrile ; il hérissait ses plumes, faisait bruire sa chaîne, levait une de ses pattes en agitant les doigts, et repassait son bec sur le bord de sa mangeoire. Son instinct lui révélait un ennemi méditant quelque mauvais coup.

Quant aux yeux de la chatte, fixés sur l'oiseau avec une intensité fascinatrice, ils disaient dans un langage que le perroquet entendait fort bien et qui n'avait rien d'ambigu : « Quoique vert, ce poulet doit être bon à manger. »

Nous suivions cette scène avec intérêt, prêts à intervenir quand besoin serait. Madame Théophile s'était insensiblement rapprochée : son nez rose frémissait, elle fermait à demi les yeux, sortait et rentrait ses griffes contractiles. De petits frissons lui couraient sur l'échine, comme à un gourmet qui va se mettre à table devant une poularde truffée ; elle se délectait à l'idée du repas succulent et rare qu'elle allait faire. Ce mets exotique chatouillait sa sensualité.

Tout à coup son dos s'arrondit comme un arc qu'on tend, et un bond d'une vigueur élastique la fit tomber juste sur le perchoir. Le perroquet voyant le péril, d'une voix de basse, grave et profonde comme celle de M. Joseph Prudhomme, cria soudain : « As-tu déjeuné, Jacquot ? »

Stéphane Mallarmé

J'ai une adorable maîtresse toute blanche et qui s'appelle Neige. C'est une chatte de race, jolie, et que j'embrasse tout le jour sur son nez rose. Elle efface mes vers avec sa queue, se promenant sur ma table pendant que j'écris.

Table des œuvres littéraires

Direction artistique François Huertas

Choix des textes Vincent de Lapomarède

Photogravure : Euresys, à Baisieux
Reliure : AGM, à Forges-lesEaux
Achevé d'imprimer sur les presses de I.M.E.
à Baume-les-Dames

Dépôt légal : 1366 – avril 1997
ISBN : 2.85108.991.9
34/1153/5